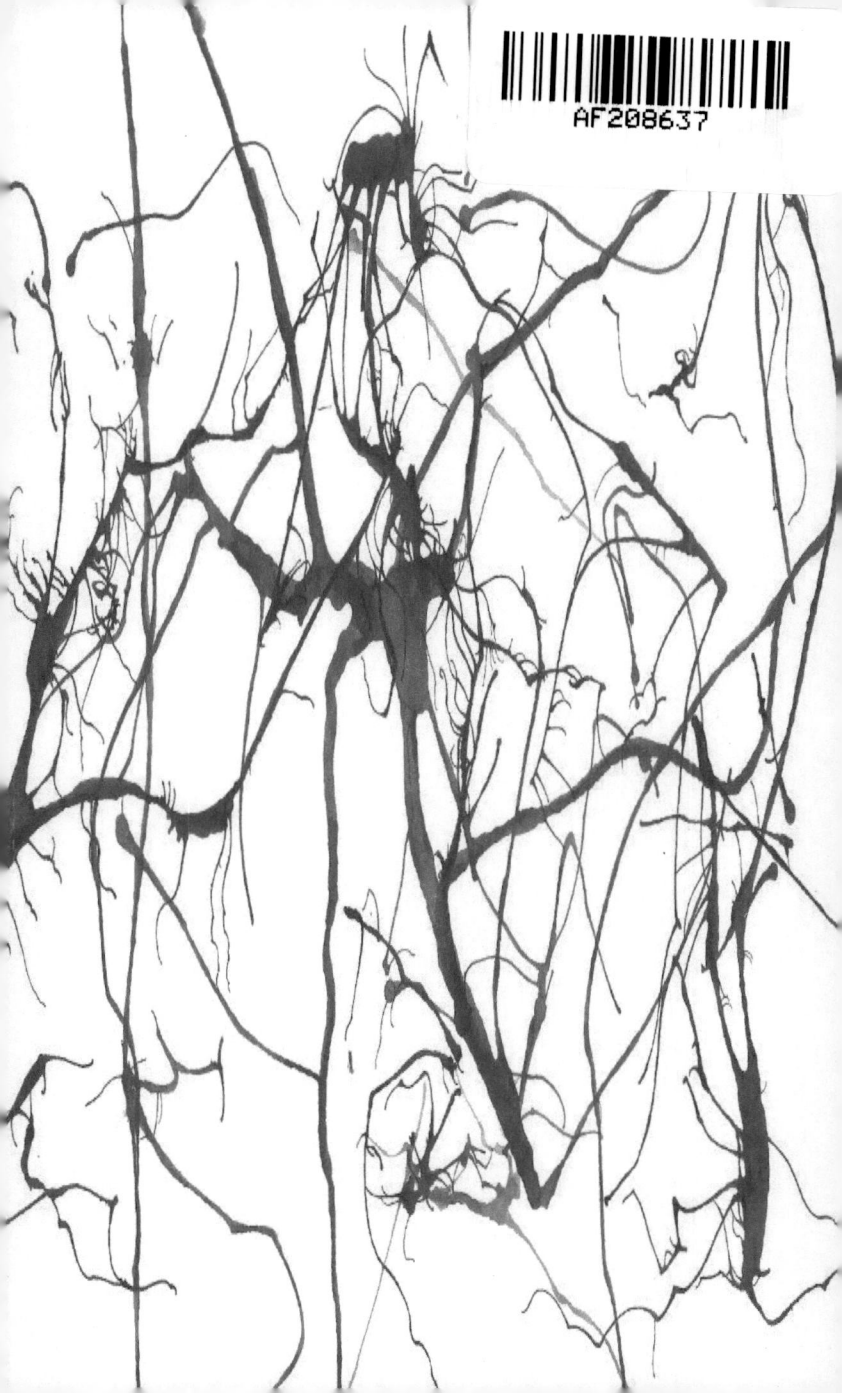

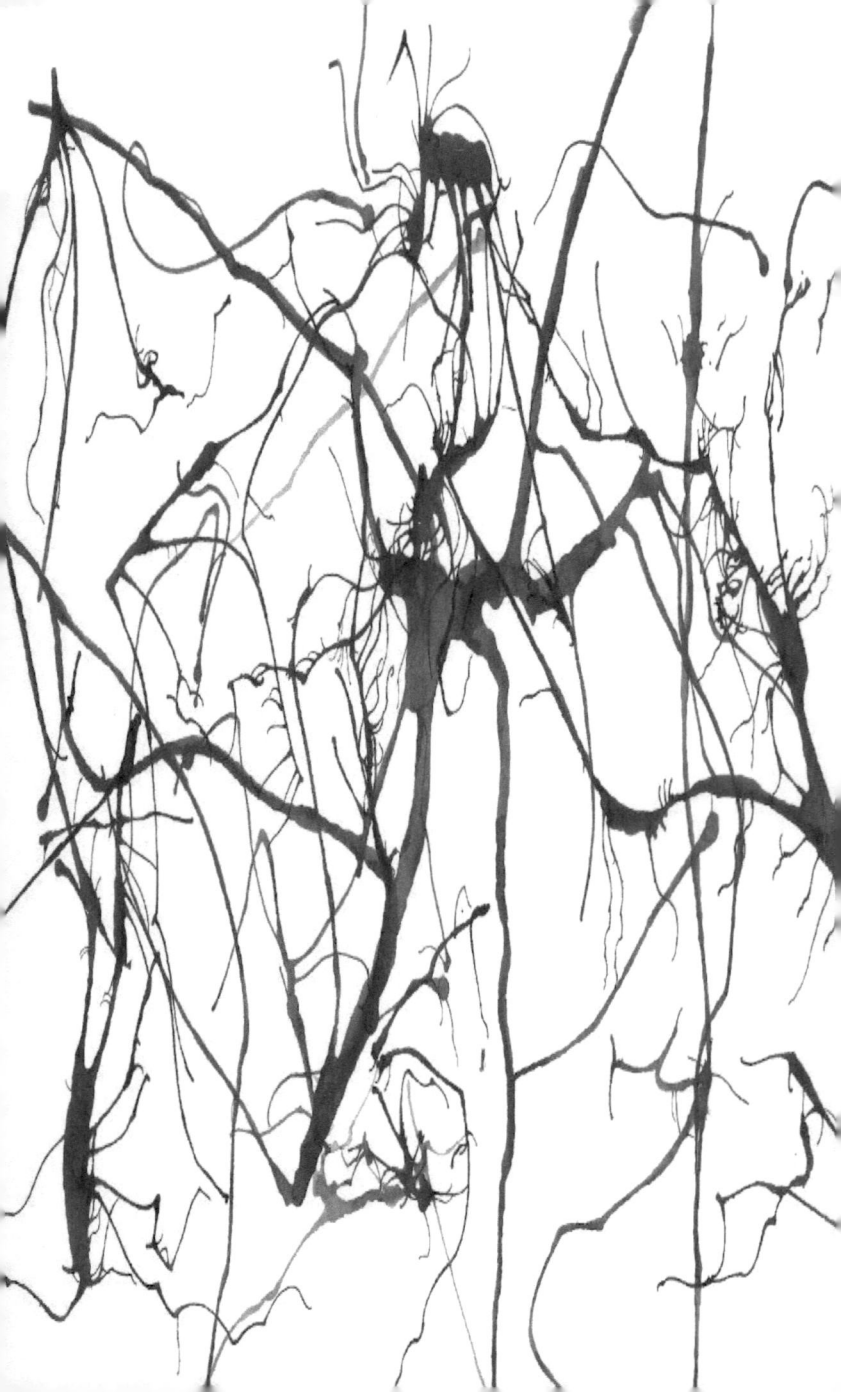

Jaime Vázquez Hermo

Ein Gedanke
zwischen zwei Liedern

Ein lyrisches Buch aus Liedern
Un libro lírico de canciones

Un pensamiento
entre dos canciones

1. Die Ersten und das nächste der Folgenden
ISBN: 978-3-8391-2971-5

2. Das Erste + XII und die folgenden XXI"
ISBN: 978-3-7347-7647-2

3. Das Erste + XXXIII und die folgenden XIV
ISBN: 978-3-7534-0863-7

4. **Ein Gedanke zwischen zwei Liedern**
ISBN: 978-3-8192-6621-8

Bibliografische Information der Deutschen Nationalbibliothek
Die Deutsche Nationalbibliothek verzeichnet diese Publikation in der
Deutschen Nationalbibliografie; detaillierte bibliografische Daten sind
im Internet über dnb.dnb.de abrufbar.

2. veränderte Auflage
© 2025, Jaime Vázquez Hermo
jaimevazquez@**javahe.eu**

Für die Logo-Unterstützung danke ich sehr Klaus Stuttmann

Verlag: BoD · Books on Demand GmbH, Überseering 33,
22297 Hamburg, bod@bod.de
Druck: Libri Plureos GmbH, Friedensallee 273, 22763 Hamburg
ISBN: 978-3-8192-6621-8

PARA MI MADRE CRISTINA CON CUYOS
VALORES HUMANOS HEMOS CRECIDO

Ein Gedanke
zwischen zwei Liedern

Ein lyrisches Buch aus Liedern
Un libro lírico de canciones

Un pensamiento
entre dos canciones

Hace mucho tiempo yo me puse a escribir
historias de la nada o que acababa de vivir,
papel, lápiz y goma se empezaron a entender
así el camino lo empecé a recorrer.

Y grito go! esto tira pa'lante,
y grito go! esto tira pa'lante.

No hace mucho tiempo yo me puse a escribir
y sin darme cuenta algo tuve que sentir,
cada letra escrita comenzó a bailar
saqué mi guitarra y me puse a cantar.

Y grito go! esto tira pa'lante,
y grito go! esto tira pa'lante.

Y con un amigo yo me puse a meditar
haciéndome a la idea lo bonito que es soñar,
entre cosa y cosa y un poco al azar
empezamos un proyecto para la eternidad.

Y grito go! javahe & syba,
y grito go! javahe & syba.

En un lugar tierra adentro
con un sol que quema el alma,
un horizonte que se aleja
y en medio de esa soledad se ven
dos caballeros en montura oscura
con sus dos fieles trotando,
a paso lento y decidido,
embadurnados con su honra y nunca
mirando hacia atrás
sin una voz que le digan,

caballeros de la triste figura,
decidme ¿adónde vais?
vais cargados de amargura,
os pesa el caminar;
al caer la noche
las estrellas os dirán
el amor os llena el alma
y sonríe al corazón.

Un camino vasto y amplio
una soledad acompañada,
donde el tiempo se impacienta
mientras el habla se excusa cantando
el blues de los caballeros con triste figura,
en su honra mucha historia,
en sus sombras decepción,
caballeros, ¿cuál es el destino
de dos almas en vilo?
sin una voz que le digan,

caballeros de la triste figura,
decidme ¿adónde vais?
vais cargados de amargura,
os pesa el caminar;
al caer la noche
las estrellas os dirán
la libertad os llena el alma
y sonríe al corazón.
…

...
En el camino recorrido
los espectros del pasado
cuentan cuentos de dos almas,
dos pobres almas que delatan la historia
y amargura del amor robado y perdido,
arrancados de sus corazones,
libertad crucificada,
expulsados del paraiso y sin habla,
cabizbajos y vencidos,
con una voz que le dicen,

caballeros de la triste figura,
decidme ¿adónde vais?
vais cargados de amargura,
os pesa el caminar;
al caer la noche
las estrellas os dirán
el camino es muy largo
y vuestras fuerzas ya se van.

Dunkel wie die Dunkelheit
schwarz auf meinem Geist,
diese Augen sehen unheimlich aus.
Wie die Vögel fliege ich auf
ich fühle mich so klein,
meine Tränen berühren meine Angst.

So eine Unsicherheit, so eine Gänsehaut
sag mir wo ... sag mir wo ... ich bin!
in diesem Traum du bist mein ich.

Einsam wie die Einsamkeit
durch ein fremdes Land,
meine Flügel entfalten sich nicht mehr.
Möchte schreien und kann es nicht
alles dreht sich zu schnell,
bin ich wirklich alleine auf dieser Welt?

So eine Unsicherheit, so eine Gänsehaut
sag mir wo ... sag mir wo ... ich bin!
in diesem Traum du bist mein ich.

Hilf mir Mama,
wo bist du oder hast du mich nicht lieb,
hilf mir Mama,
sehe dich nicht oder bin ich schon längst tot,
hilf mir Papa,
hilf mir bitte oder bist du für immer fort.

Dunkel wie die Dunkelheit
schwarz auf meinem Geist,
diese Augen sehen unheimlich aus.
Wie die Vögel fliege ich auf
ich fühle mich so klein,
meine Tränen berühren meine Angst.

So eine Unsicherheit, Mama bist du da
sag mir wo ... sag mir wo ... ich bin!
Ach mein Kind, das ist nur ein Albtraum.

Déjame decirte dos palabras
déjame subirme a tu balcón,
déjame acariciar tu luna
y de paso saborear tu amor.
Desde que la noche se hizo joven
desde que la vida me saludó,
abro un viejo libro con historia
y descubro lo que es el amor.

Un sonido suave y enternecedor,
las palabras en tus labios
que me dan calor.

Déjame decirte dos palabras
déjame conocerte un poco más,
déjame compartir mis sueños
en la alborada una pequeña flor.
Cuando la tristeza empaña el alma
cuando la alegría es un novamás,
tú eres el signo de mi vida
tú eres todo, todo lo que soy.

Un viento fresco en mi rostro
el otoño que se pone en pie,
mis lágrimas descubren un mundo nuevo
no es tristeza, es felicidad.
Un abrazo y mil y una historias
el tiempo se para alrededor,
una sensación extraña y dulce
son latidos de mi corazón.

Permíteme acariciar tu mano,
llévame contigo,
llévame a tu bar.

Déjame decirte dos palabras
déjame repetirlo una vez más,
déjame decirte "te quiero".

Un momento, un encuentro, un amigo,
una razón más para escribir.
Un recuerdo, su primer libro,
ansioso mira en la página treinta y tres;
y escucha sus primeros versos al son...
... de la melancolía.

Sus vivencias, su camino, un paso adelante
a veces dos pasos atrás.
En compañía, en estado ebrio,
una pequeña alegría, un pequeño bajón;
sus hormonas se disparan viviendo...
... de la amistad.

Anocheciendo,
un vacío que no sabe interpretar,
la dureza en su cara al sonreír.
Amaneciendo,
lágrima en tinta, la idea original
mientras su hambre le recuerda la realidad...
muerte de un poeta.

Una puerta, una salida, su cansancio le apura
en mitad del camino al bar.
Un misterio en el ambiente,
con cuatro gatos y una mesa de marfil;
sus ojos se humedecen leyendo...
... en su soledad.

Con ojeras, entrado en años,
limpiando suelos se dispone a morir.
Sus libros y su arte,
ya hace tiempo que le han dejado atrás;
la historia de un artista sumido...
... en la anonimidad.

Anocheciendo,
un vacío que no sabe interpretar,
la dureza en su cara al sonreír.
Amaneciendo,
lágrima en tinta, la idea original
mientras su hambre le recuerda la realidad...
muerte de un poeta.

Sueños,
esa mirada profunda a lo que no se ve
y a lo que escondes,
el cielo que sorprende y te hace llorar
y te hace soñar en tu lejanía.
Tiempo,
esa triste melancolía que te hace vivir
de recuerdos,
con esa juventud teñida de amor
y que te hace pensar en la vida.

Esa expresión que te invita
a recitar... a cantar...
pero si sólo son palabras.

Viento,
ese murmullo ajeno tirado en un bar
jugando a solas,
siendo testigo de la amargura en tu piel
con esa guerra que no se acaba.
Amistad,
esos lazos que acarician haciendo sonreír
sin darte cuenta,
una sensación que cosquillea tu piel
y te sientes muy bien, te sientes feliz.

El sentimiento que te mira
y te pregunta... al meditar...
pero si no son más que palabras.

Palabras,
esos signos extraños que dicen lo que son
y no duermen nunca,
hablando en boca de un alguien en complicidad
mientras se esconden en el aire y en tus recuerdos.

Un sueño en el tiempo
y un viento en su amistad,
todo eso y más son palabras.

Wenn der Weg zum Horizont
schnurgerade läuft,
zwar schnell am Ziel aber muss es sein?
Drei Farben in unserem Leben
es wird richtig bunt;
Kondition: das Herz ist reif genug.

Und es tropft ewig in der Seele
lautlos und bestimmt,
ich weiß nicht wirklich,
ob die Liebe so schwer ist.
Ein Gefühl ist in mir gewachsen
noch größer als ich,
und der Weg, den ich verfolge
und der vor mir liegt.

Und am Fenster sehe ich den Himmel
wie er immer ist,
als ich unten war, sah er anders aus.
Als ich ein kleiner Junge war
erstrebte ich nach ihr,
auf dem Weg, auf welchen Weg? Wohin?

Ich habe sehnsüchtig und mit Leidenschaft,
das Weite näher gebracht.

Seitdem ich erwachsen bin
kommt die Kindheit zu mir
und die Emotionen laufen an mir vorbei.
Gar nicht einfach Kind zu sein
als Erwachsener sowieso,
nach dem Sterben werde ich mich fragen:
hat es sich gelohnt?

Und am Fenster sehe ich den Himmel
wie er immer ist,
als ich unten war, sah er anders aus.
Als ich ein kleiner Junge war
erstrebte ich nach ihr,
auf dem Weg, auf welchen Weg? Wohin?
…

...
Abgefertigt wunderbar, das Gehör und eine Lüge
und beinahe wird ein Weg vorgemalt.
Es gibt Tage, da darf man träumen,
es gibt Tage, da bist du frei,
es gibt Tage, da kann man fragen: wieso?

Und am Fenster sehe ich den Himmel
wie er immer ist,
als ich unten war, sah er anders aus.
Als ich ein kleiner Junge war
erstrebte ich nach ihr,
auf dem Weg, auf welchen Weg? Wohin?

Ich habe sehnsüchtig und mit Leidenschaft,
nach Rankes Wahrheit gesucht.

Es ist mein Herz,
es schlägt ständig für dich;
eile ich zu dir, bin schon aufgeregt,
nur du und ich eitler Sonnenschein,
manchmal zu dritt aber das ist doch egal ...
ei, Stunden lang bei dir
und doch wage ich nicht zu gehen,
unsere Liebe war auf den ersten Blick.

Ich liebe Dich mein Arbeitsamt
für die Ewigkeit bleibe ich bei dir;
wenn ich untreu gewesen war
dann nur mit dem Sozialamt.

Ich bin wieder da
wir sind wieder zu zweit;
sitze ich gegenüber, strahlst du wirklich aus,
deine Worte zaubern, deine Augen auch,
ich fühle etwas in mir, so ein schöner Traum ...
ei, Stunden lang bei dir
und doch wage ich nicht zu gehen,
unsere Liebe war
auf den ersten Blick.

Ich liebe Dich mein Arbeitsamt
für die Ewigkeit bleibe ich bei dir;
wenn ich untreu gewesen war
dann nur mit dem Sozialamt.

...

...
Und auf einmal
bist du ganz gemein;
ich soll dich verlassen, was habe ich gemacht?
weg von deinem Zuhause, das ist wirklich hart,
ohne deine Liebe bin ich eine arme Sau ...
ei, Stunden lang bei dir
und jetzt soll ich einfach gehen?
unsere Liebe ist aus,
zunichte gemacht.

Aber ich liebe Dich mein Arbeitsamt
für die Ewigkeit dürste ich nach dir;
und wenn ich untreu gewesen war
dann nur mit dem Sozialamt.

Springe aus dem Bett und
ist schon alles klar,
mein Wecker gab den Geist auf
es ist gar nicht wahr,
U-Bahn-, Bus-, S-Bahn-Streik
wirklich wunderbar
und dazu auf der Arbeit ... zu spät!

Sauer ist der Chef
Überstunden muss ich noch,
ich kriege es nicht gebacken
und muffig werde ich auch,
der Computer bleibt hängen
was mache ich jetzt bloß;
und mein Engel flüstert mir ins Ohr
ganz leise, ganz laut, ganz schrill ...

Nimm's gelassen und mit Humor
denn der Tag ist noch nicht um;
nimm's gelassen und mit Humor
irgendwie wird's schon gehen.

Tausend Formulare und
alles mit der Hand,
da hilft mir nur Kaffee
da bleibe ich länger wach,
aber das ist nicht zu schaffen
wütend schlage ich mit der Hand
und mein Scheißkaffe ist umgekippt.

Meine ganze Arbeit
ist schon reif für den Müll,
ich bin wie benommen
ich kriege nichts aus meinem Mund,
denn mein Chef ist gegenüber
sein Gesicht ist dunkelgrün;
und mein Engel flüstert mir ins Ohr
ganz leise, ganz laut, ganz schrill ...
...

...
Nimm's gelassen und mit Humor
denn der Tag ist noch nicht um;
nimm's gelassen und mit Humor
irgendwie wird's schon gehen.

Mitten in der Nacht
und endlich bin ich frei,
es regnet und ich ohne Regenschirm
oh, wie fein,
drei Diebe klauen meine Tasche
und sagen „tut uns leid"
und mein Hausschlüssel auch noch dabei.

Ich muss viel Glück haben
oder äußerst in Not,
schon dreimal getreten
auf scheiß Hundekot,
meine Wohnungstür ist offen
das ist ein Komplott;
und mein Engel flüstert mir ins Ohr
ganz leise, ganz laut, ganz schrill ...

Nimm's gelassen und mit Humor
denn Morgen ist noch ein Tag;
nimm's gelassen und mit Humor
irgendwann wird's schon gehen.

Dime dónde estás
dime si te encuentras con la apatía,
dímelo, dímelo.
Dime si lo sientes
dime con que flujo, la envidia,
dímelo, dímelo.
Dime si corroe
dime con que fuerza, el odio,
dímelo, dímelo.
Dime tu experiencia
dime tu influencia con la maldad,
dímelo, dímelo.

Dime si estos sentimientos
te abrasan alma, carne y piel,
dime si en tu mundo recorres
una calle oscura, dura y cruel,
dime si encuentras tu paz... dímelo.

Dime dónde estás
dime si te encuentras con la empatía,
dímelo, dímelo.
Dime si lo sientes
dime con que flujo, el altruismo,
dímelo, dímelo.
Dime si acaricia
dime con que tacto, el amor,
dímelo, dímelo.
Dime tu experiencia
dime tu influencia con la bondad,
dímelo, dímelo.
...

...
Dime si estos sentimientos
te iluminan alma, carne y piel,
dime si en tu mundo recorres
una calle viva, alegre y de bien,
dime si encuentras tu paz... dimelo.

Entre cielo y tierra,
entre dos humanos existe un lugar,
¿sabes cuál es? ¡sábelo!
Un lugar de encuentro
y extraños desencuentros
que te hacen un bien
y a menudo te urden el mal.

Dime si encuentras tu paz...
Pues querido amigo... es ley de vida.

Es ist schon zehn
nur ein Moment in dieser Welt,
nur ein Gefühl
das Gefühl alleine und einsam zu sein;
nicht mal' nen Feind
nur eine Mauer, die sieht man nicht
und ganz viel Zeit
sich zu fragen ...

Wozu alles, wozu ich ... ist es schon zehn?

Unversehens
ging mein Blick auf die weite Welt,
verödete Luft
und ein trister Horizont;
ein verkohlter Baum
und Tränen in meinem Herz,
tanz mit mir
vielleicht kapiere ich ...

Wozu alles, wozu ich ... ist es schon zehn?
Wozu alles, wozu ich ...
...

...
Es ist nicht viel
braucht man ein bisschen Phantasie,
gewisse Neugier
und der Rest kommt von allein.
Wenn der Fluss uns treibt
flüstert seine Heimlichkeit
und am Horizont,
die Sonne winkt uns zu und verweilt.
Ein Spinnennetz
schimmert schön im Morgentau
und der Wind
streichelt unsere zarte Haut.
Eine Blume blüht
und offenbart sich der großen Welt,
nach und nach
gedeiht das Leben.

Wozu alles, wozu ich ... es ist schon zehn!

Que la vida es un don para el que lo quiera disfrutar
y disfrutar es una sensación que vale la pena soñar
y soñando canto la alegria de vivir,
que la vida es sueño y necesito meditar...
y meditar.

Canta, canta un blues de la soledad,
canta, canta un blues para mi,
canta, canta un blues
para ti, para mi.

Meditando desde mi ventana logré volar
y en mi vuelo soñé que era capaz de ser feliz,
una felicidad que me obligó a preguntar
con mil preguntas y un sueño hecho realidad...
realidad.

Canta, canta un blues de la soledad,
canta, canta un blues para mi,
canta, canta un blues
para ti, para mi.

...

...
Nací bajo una estrella solitaria y blanca
donde los pájaros surcando el cielo
enseñan su presencia al viento.
Bajo el manto de un destino ya prescrito
tomo mi rumbo hacia un horizonte
donde muchas almas surcan a mi alrededor.
Mi presencia no cautiva y me siento triste,
una tristeza que me ciega al mundo
y mientras el cielo se acerca a mí
me doy cuenta de lo lejos que estoy.
Es una noche trágica y oscura,
yo me rebelo a un destino ignorado por mí
y descubro un mundo paralelo al mío
a donde me deslizo con esperanza,
una esperanza que me hace ver
lo hermoso de la soledad
cuando sueño, medito... canto
y lo hermoso que es saber
que junto a la soledad
se encuentra la amistad.

Canta, canta un blues de la soledad,
canta, canta un blues para mí,
canta, canta un blues
para ti, para mí.

Caminando dejas tus huellas atrás,
en tu saco roto se esconde la verdad;
sigues pa'lante obsesionado
y cantas al mundo lo que tienes que decir,
vestido en un traje gris.

En tus sueños vives lo que quieres descubrir
con tus ojos sueñas algo por venir;
como compañero de viaje
un pequeño libro y mucho que decir,
vestido en un traje gris.

Y sigues en vilo vestido en un traje gris,
tu sombra te acecha, tu eco te despierta,
tus pasos menguan, tu alma te pesa,
tu meta en cada esquina,
tus sueños se expandirán
vestido en un traje gris.

Mucho tiempo al día para poder meditar
sonreír con fuerza o ganas de llorar;
un paso atrás y dos pa'lante
papel y pluma y con ganas de escribir,
vestido en un traje gris.

Y sigues en vilo vestido en un traje gris,
tu sombra te acecha, tu eco te despierta,
tus pasos menguan, tu alma te pesa,
tu meta en cada esquina,
tus sueños se expandirán
vestido en un traje gris.

Caminando...
...

...
Ay amigo del alma trotando por el sendero,
ese dolor que se escapa de tus labios.
Perdido en tus sueños y una estrella que te ilumina,
el horizonte que refleja tu niñez;
tira pa'lante el carro, tira pa'lante el carro.
Ese vasto horizonte amigo del destino,
el dolor deja paso a tu libertad.
Tira pa'lante el carro por el paisaje gallego,
la morriña que besa el sentir flamenco;
y te encuentras solo, lejos de tu guarida,
feliz en tus entrañas.

¿Dónde está el futuro, dónde tu llegar,
dónde las montañas, dónde la mar?
Escondes todo muy adentro,
¿dónde está la perla que te hace vivir?
vestido en un traje gris.

Un peregrino lleno de riqueza
gritando con emoción ¡la vida que grandeza!
Nuestra guarida es su hogar
recitando al mundo tu manera de vivir,
vestido en un traje gris.

Y sigues en vilo vestido en un traje gris,
tu sombra te acecha, tu eco te despierta,
tus pasos menguan, tu alma te pesa,
tu meta en cada esquina,
tus sueños se expandirán
vestido en un traje gris.

Hoy el mundo se viste de gris
el tiempo juega al azar,
abro los ojos y creo sentir
la eterna oscuridad.
Ser un valiente no es fácil
es mucho más fácil perder,
tiro el dado y me toca un tres,
me quedo con las ganas...
de poder conseguir
solo un minuto más.

Pasa el tiempo y veo que al fin
la luz se deja ver,
ahora presiento que el dia final
se deja acariciar.
No es malo un poco de orgullo
no hay que dejarlo escapar,
juego sin dado y creo ganar
algo que ya está aqui;
y me acuesto al fin
sintiéndome meditar...
y rezar.

Alai masadi
jamaidi abudasu
chjindombai amijai jsitu
javahe un javahe.
...

...
Será el cielo el que me diga adiós
o el que me invite a cenar,
o quizás el silencio de un extraño rincón
el que me lleva al altar.
Mi libro escrito y vacío
que tengo que reescribir,
y mientras el juego sigue en pie
espera mi jugada.
Necesito rezar,
solo un minuto más...
y meditar.

Alai masadi
jamaidi abudasu
chjindombai amijai jsitu
javahe un javahe.

Un día como otro cualquiera
siento esa necesidad,
meine Erinnerung aufzuwecken,
um darüber nachzudenken,
¿dónde está aquello,
dónde está lo que perdí?

Y me encuentro con un pasado
sehr fremd für mich,
es como un ser extraño
völlig unbekannt in mir,
und doch so vertraut que da angustia
de pensar que fui yo.

Immer wenn du bei mir bist
pienso en mí,
immer wenn du bei mir bist
suelo llorar,
immer wenn du bei mir bist ...

En el espejo una historia
que hiere grave mi piel,
mein Gewissen juega conmigo
und meine Träume werden schwach,
una soledad acompañada,
ein neues Leben partida en dos.

Immer wenn du bei mir bist
pienso en mí,
immer wenn du bei mir bist
suelo llorar,
immer wenn du bei mir bist ...

...

...
Dos fantasmas y una historia
bajo el manto de un ser,
dos vidas en paralelo
que se obligan a entender,
wie kann ein Leben blühen
ohne Samen ohne nichts?

Immer wenn du bei mir bist
pienso en mi,
immer wenn du bei mir bist
suelo llorar,
immer wenn du bei mir bist ...

Un sueño y una luz,
mi piel se contrae de emoción
paseando en recuerdos de juventud.
Salgo a la calle a disfrutar,
el viento acaricia mi felicidad,
mi cuerpo en éxtasis y un alma sugiriendo
querer vivir.

Una sensación, un querer,
sentimientos bailando al son
con la vida que un día dijo adiós.
Un deseo en un papel,
una luz tenue apaga mi sed,
un cuerpo inerte, una voz y la decisión
de no sufrir.

Una reflexión en mi intimidad,
contemplando una luz de neón
con mi cuerpo encerrado en un baúl.
Buscando una mano y una amistad,
buscando un momento para sonreír,
un minuto, un momento, una eternidad
y por fin...
decidir mi voluntad
y el valor
de poder morir... para siempre.

Gestern auf dem Marktplatz
eine weiße kleine Maus,
sie klaut einen Käse und der Verkäufer
rennt und rennt hinterher.
Und da an der Ecke die Berliner Feuerwehr,
es soll ein großes Feuer geben,
dann rennen wir auch hinterher.

Und da an der Ecke die Berliner Feuerwehr,
wie aus dem Himmel gefallen die Polizei,
Schulter an Schulter, Hand in Hand
und alle rennen, rennen hinterher.

Eine alte Frau vermisst ihre Tasche,
Hilfe! Polizei! und rennt der Polizei hinterher.
So eine große Katze mit so einem großen Hunger,
es riecht so schön nach Maus
und rennt, rennt, rennt hinterher.

Wenn die Katze rennt, rennt der Kater hinterher,
wenn der Kater miaut, miaut die Katze noch mehr
und zwar so laut bis die ganze Klicke kommt
und alle rennen, rennen hinterher.

Mama, Papa, Opa, Oma,
Tochter, Sohn und Neffe,
Nichte, Tante, Onkel, Enkel
rennen, rennen auch hinterher.
Bäcker, Maurer, Klempner,
Gärtner, Krankenschwester, Schornsteinfeger,
Hausmeister, Doktor, Lehrer
rennen, rennen eifrig hinterher.

1,2,3, Verkäufer und Feuerwehr,
Polizei, Frau, Katzen, Kater
und noch viele mehr,
nur die Maus fragt sich wieso
rennen ihr alle hinterher.

Un camino al norte,
el sur dejado atrás
y los ojos de mi alma ven
que el cielo... volverá.

Un día en el calendario
y el niño que yo fui,
el fondo de mi alma sabe
que la edad... se lo llevó.

Marcha el tren por su camino,
muchos lo ven pasar,
llego a una estación y me pregunto...
¿dónde estoy?

Un camino al norte,
el sur dejado atrás
y los ojos de mi alma ven
que el cielo... volverá.

Un día en el calendario
y el niño que yo fui,
el fondo de mi alma sabe
que la edad... se lo llevó.

Marcha el tren por su camino,
muchos lo ven pasar,
llego a una estación y me pregunto...
¿adónde voy?

Como cada otoño
los árboles lloran...
como cada primavera
los árboles florecen...

por un año más de esperanza.

Nachmittags um drei
entdeckte man das Loch,
eine Nase wimmelte
man war nicht mehr so froh,
eine kleine Maus rannte
einem Floh hinterher,
abidarrum ... abidarrum ... abidarrum.

Ich hatte schon den Floh
und plötzlich bin ich wo,
es riecht sehr intensiv
es klingt nach Paradies,
es sind Menschen-Käsesocken
oh, sie sind wieder hi,
abidarrum in diesem Haus ...
abidarrum in diesem Haus.

Unter dem Neonlicht
kommt ein Riese auf mich zu,
alle Glocken dieser Welt
übertönen meinen Ruf,
ein letzter Blick meiner Augen
und sie gehen für immer zu,
abidarrum ... abidarrum ... abidarrum.
...

...
Diese kleine Maus
ist am falschen Ort,
es ist nun erledigt
man ist wieder froh,
der Floh tanzt freudig
er ist sie endlich los,
abidarrum ... abidarrum ... abidarrum.

Meine ganze Welt
ist auf einmal geschrumpft,
großer Schmerz und Trauer
wird in mich gepumpt,
ich denke nicht an Flöhe
ich denke ... oh ... Mensch.

Unter dem Neonlicht
kommt ein Riese auf mich zu,
alle Glocken dieser Welt
übertönen meinen Ruf,
ein letzter Blick meiner Augen
und sie gehen für immer zu,
abidarrum ... abidarrum ... abidarrum.

Un calor que se enciende,
una mirada que se pierde,
el día que se puso a gritar y, a dejarse ver.
La tensión que se anima,
el camino se imagina,
sentir los pasos sobre su piel, se deja tocar.

Y otra vez con tu amigo fiel,
por el amor al atardecer.

Una lejanía absurda
ya cansado en tu montura,
obcecado con tu orgullo vas, te dejas llevar.
Solitario el molino
te saluda muy cansino,
caballero, empiezas a sudar, dime, ¿qué te pasa?

Tu lanza canta al cielo siempre azul,
con ese orgullo al saber...

que desde mi ventana vi tus ojos de cristal,
el día me sugiere si le quiero visitar,
al amanecer, al anochecer en su bar.
...

...
El reflejo de la luna
atrapado en tu montura,
el cansancio con su antifaz, se deja rogar.
En tu alma muy adentro,
una imagen sin su viento,
un molino muy perspicaz, se deja engañar.

Y una vez quisiste siempre ser
muy grande y fiel, al anochecer.

Das un canto a la vida,
a la amistad y a tu diva,
la brisa te imparte valor y sinceridad.
Ese pequeño gran molino
agradece tu destino,
es su signo de admiración que empiece a volar.

Sentado al pie de la hoguera estás,
con ese orgullo al saber...

que desde mi ventana vi tus ojos de cristal,
el día me sugiere si le quiero visitar,
al amanecer, al anochecer en su bar.

Volando como un águila
me hizo recordar,
esa nueva tierra
ese gran amanecer,
una sensación que solo existe... soñando.

Soñando en mi reino
me convierto en huracán,
atravesando las montañas
jugando con la maldad...
se convierte al altruismo simplemente... soplando.

Y déjame tener un poco de fe... en mi.

Y soñando encontré tierra nueva al amanecer
y ahora abandonado... sabiendo que para seguir
yo necesito creer en ti,
y el mantra se fue... perdido estoy.
...

...
Sintiéndome a solas
me hizo recordar,
esa vieja tierra
estoy lejos de mi hogar...
una sensación que solo existe... llorando.

Llorando por el ansia,
la codicia y el poder,
en un mundo extraño
que se está por deshacer,
quiero regresar a mi reino... soplando.

Y déjame tener un poco de fe... en ti.

Y soñando sigo buscando el camino a mi hogar
y aún abandonado... sabiendo que para seguir
yo necesito creer en ti,
y el mantra se fue... perdido estoy.

Una vez más empieza la historia,
una vez más empiezo a vivir,
después de siete siglos durmiendo
alguien me hace resucitar.

El día atormenta mi conciencia,
con sueños llenos de pesadez,
tambores resuenan fuerte en mi cabeza
y mi humor juega un mal papel.

Una vez más empiezo la botella,
una vez más empiezo a navegar,
los tambores resucitan durmiendo
y mi cabeza resuena como un papel.

Mirando ao ceo descubro
ese gran pequeno que son,
se eu puidese voar
iria ata a lúa a soñar;
ao cedo seriamos dous
mandando un mensaxe para vos.

Luar, é a nosa luz,
soñando para compartir.

A vida que creo sentir
e que abaixo non podo seguir,
o tempo será o que dirá
se mirades ao noso luar.

A maxia de contemplar
o mensaxe do noso luar...

Contra a estupidez
os propios deuses loitan en van,
se ides seguir asi, entón ipum!

Mirando a terra descubro
ese gran pequeno que fun,
se eu puidese voar
iria ata a terra a soñar;
a lúa é grande e fiel,
a morte está na súa pel.

Luar, é a túa luz,
agora, estás soa.

A crenza que un dia perdin
e co meu voo non puiden seguir,
o tempo será o que dirá
igual onde mirar.

A maxia de comprender
que as voces fainos ver...

Contra a estupidez
os propios deuses loitan en van,
se ides seguir asi, entón ipum!

Un dia extraño,
una lluvia gris embadurnada,
un destino incierto,
un patrón navegando a la deriva,
un camino seco
humedecido por el sentimiento...
ai, ai, ai, ai, cuéntame.

El sentimiento vive
buscando su raíz en el callejero,
viento de estribor,
la sonrisa de un patrón viajero,
apenas un segundo
el río toma riendas por su cauce...
ai, ai, ai, ai, cuéntame.

Hay gente que cree en el desnudo de tu piel
escondiéndote en un pañuelo;
saliendo a escena con zapatos de claqué...
Hay gente que siente el desnudo de tu piel
dejándote en cueros;
ai, ai, ai, ai, lágrima de papel,
lágrima de papel.

Envuelto en mi aura,
un sollozo rasga mis entrañas,
quizás un sonido,
componiendo acorde con mi alma,
y la vida pasa
entre lágrimas de papel...
ai, ai, ai, ai...

Hay gente que cree en el desnudo de tu piel
escondiéndote en un pañuelo;
saliendo a escena con zapatos de claqué...
Hay gente que siente el desnudo de tu piel
dejándote en cueros;
ai, ai, ai, ai, lágrima de papel,
lágrima de papel.

Dende que sentin o carreteiro
onde se xunta o tempo gris,
co ceo azul escondendo o máxico blues;
dun baldeiro eterno
cunhas luces que chaman por min,
déixame cantar, déixame pensar en ti;
na estrela que dixome
cousiñas que alegran ao corazón,
dende aqui pala descubrir
que a túa man está moi preta de min.

E as estrelas contan unha lenda,
co aqueles ollos tinguidos daquela mocidade
que perdeuse ao saber
como é a eternidade,
cun deus do amor e un deus que amaba a guerra
e o mar se entristeceu,
eu mentres aqui acompañado,
e buscando a eternidade
quédenme durmido e soñei coa felicidade.

Una vez más...
el miedo se esconde en tus sueños,
tus huellas secas en la arena,
dejándose esconder, dejándose encontrar...
jugando a dejarme cantar.

Una vez más...
la parodia te dibuja en un papel,
la tinta hace ascos en tu piel,
dejándose morir, dejándose vivir...
jugando a que me puedas oír.

Una vez más, una vez más...
me acaricia el viento.

Una vez más...
el cielo huye, cambia de color,
la pesadilla no tiene rencor,
te pido por favor, te pido por pasión...
te pido... no me dejes aquí.

Una vez más...
el miedo se esconde en mis sueños,
mis huellas secas en la arena,
dejándome esconder, dejándome encontrar...
jugando a no verme llorar.

Una vez más, una vez más...
me acaricia el viento.

Die Flamme tanzt,
sie zeigt mir das Licht
und deine Präsenz,
wir brauchen es warm,
es ist mir aber zu kalt.

Und mein Kreuz
schwebt über mir,
es zerreißt sich in dir,
die Hoffnung stirbt,
es weint und weint.

Du streckst deine Hand,
sie scheint mir so verlogen
und in dieser Dunkelheit
bleibt nur der Hass,
meine Worte sind leer.

Aura gefühltes Licht,
Farben umhüllen mich,
klopfend und schreiend ich,
ein Trampelpfad ohne Dich!

Lauernd laut in der Welt,
sein oder nicht sein,
medo.

Mit Farben gefühltes Licht,
die Aura verkündet el fin,
angestrengt müde ich,
ein Trampelpfad ohne Dich!?

Lauernd leis' in der Welt,
sein oder nicht sein,
medo... medo.

Alles was ich mal war,
alles was ich jetzt bin,
medo.

Cando os nenos xogan
xogan ao escondedoiro,
lăcomie, bonté, milito, vrede
tamén queren xogar,
e agora veñen **egoizem** e **lòng vị tha**
e podemos comezar a divertirse e a esconderse.
oh, oh, oh, oh
oh, oh, oh, oh

Canto tempo pasa e soamente teño un
e agora vexo a **milito** e xa teño dous,
onde estaba o **milito** vexo **egoizem**
e xa teño tres... so faltan tres.

Pasa o tempo e non sei onde están os tres nenos
vrede, bonté e o pequeno **lòng vị tha,**
sego buscándoos e so podo preguntarme
onde están os que aínda se seguen escondendo.
oh, oh, oh, oh
oh, oh, oh, oh

* Traducións atopadas no internet

lăcomie: cobiza (romanés)
bonté: bondade (francés)
milito: guerra (esperanto)
vrede: paz (holandés)
egoizem: egoísmo (esloveno)
lòng vị tha: altruísmo (vietnamita)

¡Xogando ao escondedoiro

Un verano fresco, música a tope,
botellas vacias, tu pones el calor
y con los amigos bailas el rock&rol.

Despiertas con ganas, ganas de bailar,
te coges la escoba y empiezas a cantar,
remueves el cuarto y sudas... y sudas...

Empiezas a rugir
moviendo tus caderas
y los problemas tienen
que esperar mejores tiempos.

Un verano fresco, música a tope,
botellas vacias, tu pones el calor
y con los amigos bailas el rock&rol.

Despiertas con ganas, ganas de bailar,
te coges la escoba y empiezas a cantar,
remueves el cuarto y sudas... y sudas...

Hasta que la vida
sufre un trompicón,
después el alud
te mira como el diablo.

...

...
Un bosque frondoso, el cielo azul,
las amapolas crecen por doquier,
la vida de soldado... para entender.

Añoras años mozos, dos años atrás,
sacas tu fusil, lo empiezas a mirar,
una idea fija y tienes... un plan...

Cargando el fusil
con balas de rocanrol,
buscando a quien
poder disparar...
y dispara.

Apuntas a tus colegas
y se ponen a bailar el rock,
con los enemigos y los muertos...
¡pura excitación!
piensas en la vida... y en esta revolución...
mira... apunta... y dispara.

Hoxe convidoos a soñar en pé
para non perder a fantasía e languidecer
mentres a cantiga faise sen musgar
e canto... a vida.

Disque a vida ten as fauces para trabar
aquilo que eu a vida quero ensinar,
eu refuso co dozura ao recitar
o son... da cantiga.

Paso a paso en el camino,
las palabras en mis recuerdos
que se disfrazan de pensamientos,
que delatan los orígenes y buscan
una voz que imagina a la lluvia
sobre este camino seco;
... y una vez más
me encuentro sobre él.

Hace años que he perdido
la ocasión de estar a tu lado,
pero he visto de esta vez una estrella
que delatan los orígenes y buscan
una voz que recita a la lluvia
sobre este camino seco;
... y una vez más
me encuentro sobre él.

Mil años de gloria, un sillón vacío que delata
esa pequeña historia, esa ocasión perdida,
el amor y el libido se deshidratan a falta de ti
... y desde que me dijiste adiós...
muerto de sed.

Heute Morgen wie immer halb acht,
am Frühstückstisch, das Radio an.
Ich spüre dich schon wieder ...

Auf der Arbeit alles rund,
auf Kneipentour alles blau;
über Arbeit, über Fußball,
über Kino, über ... dich.

Wir quatschen uns die Ohren voll
alles, alles klar,
dann denke ich an dich und
frage, wo bist du?

Immer wieder schreiend, immer hinter dir,
doch du bleibst heute stumm.
Nimm deine Klamotten, ich die Flasche Whisky
und die ganze TagNacht durch.
Für ein schnelles Wiedersehen,
begreifen und verstehen,
heimisch in meinem Zimmer,
du hast dich wieder versteckt.

Und das seit Wochen,
die Gedanken frei,
dann bist du da,
dann schon wieder weg.
Ich kann dich kaum verstehen ...
...

...
Immer wieder schreiend, immer hinter dir,
doch du bleibst heute stumm.
Nimm deine Klamotten, ich die Flasche Whisky
und die ganze TagNacht durch.
Für ein schnelles Wiedersehen,
begreifen und verstehen,
heimisch in meinem Zimmer,
du hast dich wieder versteckt.

Plötzlich ein Durchfall, sicherlich die Buttermilch,
ich denke nur eins und bin schon auf dem Klo.
Meine Gedanken schwirren über ...

Gott und die Welt und siehe da,
dort finde ich dich, wunderbar;
puzzleartig fange ich dich
und am Abend feile ich dich schön.
Nach viereinhalb Jahren versteckt in Nuancen,
nicht das erste Mal, mein Glück will tanzen.

Ich hielt dich für verloren
für die Ewigkeit,
und wo ich nicht dachte,
tauchst du plötzlich auf.

Immer wieder schreiend, immer hinter dir,
endlich komme ich an dich ran;
ich hätte dich ehrlich woanders getroffen,
aber du bist nun wieder da.
Ich halte dich ganz fest,
mit Gitarre auf dem Podest.
Ich stelle es euch vor ...
... mein fertig komponiertes Lied!

Siempre contigo a las tantas
persigo aquello que me da vida,
luces, esferas y ruido,
la sombra de un vaso vacío.

Una guitarra en celo,
mis manos atrapan tus cuerdas,
la emoción me enseña los dientes,
con sus colmillos me chupa... la sangre.

Siempre contigo a la deriva,
el ruido se dispara, te hace pedazos,
una vida llena de puro rock;
son... manos de acero.

La noción del tiempo desaparece,
gente extraña y viejos conocidos,
la garganta seca inundada
de... fuerza brutal.

Un ruido atronador que me despierta,
una mañana que me da las nueve,
un concierto vivo y en directo del poder mental.
...

...
En la escena se repite,
en mis manos la verdad,
tres acordes y otra historia
con fantasia y poco más.

A veces en la esquina del barrio
las notas se disparan, mis nervios apuntan,
un acorde que te chilla en la boca
y... y no paro.

Mis manos de acero te acarician
algunos acordes, notas discordantes,
una melodia que ensalza el aplauso;
uhmm... nervios de acero.

Un ruido atronador que me despierta,
una mañana que me da las nueve,
un concierto vivo y en directo del poder poder.

Desde mi ventana soñé
el rápido y flujo pasar,
las horas, los días y el viento
me acarician el mirar
de las estrellas que brillan y quedan
con las ansias de un joven chaval,
entre amigos y su hogar,
por el mundo a cabalgar
y brillar.

Como trotamundos las huellas
jugando a ser inmortal,
voces eternas a cada paso
nunca hacia atrás.
Cuantos otoños siento en mi alma,
cuantas alegrias pasé,
las estrellas brillan en tu niñez,
una escena, un sillón,
un albornoz.

Sensación...
en tus huesos;
emoción...
pasando el tiempo;
imaginación...
en años viejos;
soñador...
jugando con sombras y luz.

Desde mi ventana soñé
el lento y flujo pasar,
las horas, los días y el viento
me acarician el mirar
de las estrellas que brillan y quedan
con los versos de aquel joven chaval,
entre amigos y su hogar,
en el mundo reposar
y brillar.

Gesang unter brennendem Feuer,
der Tanz, das mitreißende Volk,
mein Gesicht, dein Gesicht, unser,
der Glaube, der zu uns führt.

In der Weite lauscht das Leben,
uhmm! Massai,
uhmm! Saroi, Ngai, Massai.

Welten in kosmischen Zügen,
der Himmel streckt sich plötzlich ganz wild,
Begegnungen, Bräuche, Kulturen,
Götter, Schatten und Licht.

In der Weite lauscht das Leben,
uhmmm! Massai,
uhmmm! Saroi, Ngai, Massai.

Saltas desde la ventana
y escuchas los lamentos del viento,
sueños eternos en vida,
dioses, sombras y luz... ¡y sabes!

que la vida te imagina,
uhmm! Massai,
uhmm!

Onde van o tempos
cos que quixen quedar,
onde van os tempos
que quixen esquecer,
tempos con chuvia e moito sol,
que tempo fará mañá.

Onde está a cociña
coa cal eu crecin,
onde está a cociña
que xa non podo ter,
e aquel mar cheo de cor,
uns cores cheos de sabor.

Déixame soñar
cos montes e o mar,
déixame cantar
as ondiñas van,
déixame sentir
o que nunca fun,
e se o ceo está alí
teño tempo para vivir.
...

...
Camiñando pola costa
púidenme mollar,
camiñando pola costa
as Cíes como altar,
outras fronteiras e o mesmo mar,
o mar é frio e da calor.

Deixando as meigas
onde queren vivir,
deixando as meigas
entón non podo escribir,
cun bo viño da moito cor
co augardente fai voar.

Déixame voar
ata que non queira máis,
déixame baixar
cando eu non poida máis,
déixame amar
se ti es feliz,
e se o ceo está alí
temos tempo para vivir.

Una brisa que alegra el alma
las rosas susurrando entre si,
acaricias en el androceo
mil sonidos en bi.

Mis pétalos son una cascada
embriagados en luz
y en perfume de las rosas,
divas de espinas con miel.

Y esa rosa que me intuye
siento el fresco en su piel,
lazos vivos que recitan
historias, dos mundos, un ser.

Sombras y luces al amanecer
cuentos y mitos de nunca acabar,
labios sinceros dejando escapar
palabras vestidas de amor;
el susurro que besa el rosal...
y me cuenta cosas.
...

...
Dejando libre el sentido
destino entre nudos y flor,
un cante alegre a la "bida"
con un cierto toque en blues.

Nubes que lloran en vida
el cielo vestido de azul,
sus emociones forman lazos
gineceoandroceogeneidad.

Sombras y luces al amanecer
cuentos y mitos de nunca acabar,
labios sinceros dejando escapar
palabras vestidas de amor;
y me lo cuenta como tal...
que se siente un tulipán.

Sombras y luces al amanecer
cuentos y mitos de nunca acabar,
labios sinceros dejando escapar
palabras vestidas de amor;
y un tulipán como yo...
nunca conté mi historia.

Wörter aus einer Feder
oder ein Vogel aus Metall,
Kult aus einer Extase,
eine Brücke und keine Wand.
Tausend und Hundert Jahre
ein gemächlich langer Weg,
Märchen aus der Unterwelt,
das Fremde in dem Mensch.

Tausend und viele Lichter
durchleuchten den Verstand,
Ambitionen tief verwurzelt,
Fragen ist gewagt.
Große Schatten ranken
in den Träumen großer Wesen,
über weite Felder
dem Schicksal hinterher.

Es kommt an jenem Tag
an dem Schatten länger werden,
da ist man so klein,
winzig klein.
Es kommt an jenem Tag ...
an jenem Tag
...

...
Über Krieg und Frieden,
über einen Felsen springen,
über Hass und Liebe,
über sieben Brücken gehen.
Über schmale Straßen,
über dicke, breite Mauern,
über dem weiten Meer,
dem Horizont hinterher.

Es kommt an jenem Tag
an dem Schatten länger werden,
da ist man so klein,
winzig klein.
Es kommt an jenem Tag ...

Es kommt an jenem Tag
in den Schatten aller Sterne,
dort ist man so klein,
winzig klein.
Es kommt an jenem Tag ...
an jenem Tag.

Notas encendidas, un apagón,
letra que modela esta canción,
y el alma que aprieta el corazón.

Dejando libre el sentido
volando como un halcón,
plantado sobre el escenario...

con guitarra en mano, la función,
un nervimoto enciende el calor,
el aplauso de unas manos,
¡que expectación!

Con guitarra hermano soy
el texto impreso en papel,
los acordes que se esparcen
encienden y alivian mi sed.
Una corriente me lleva
al flujo tenue de vivencias,
símbolos que expresan y unen
a duros golpes en silencio.

...

...
El silencio enciende mi corazón,
la guitarra entiende de su pasión,
la voz que sale de mi interior.

Los acordes y el silencio
entremezclando pura emoción,
entre jungla y desierto...

el concierto acaba de empezar,
una sintonía que sabe al azar,
una expectación, ¡que expectación!

Con guitarra hermano soy
el texto impreso en papel,
los acordes que se esparcen
encienden y alivian mi sed.
Una corriente me lleva
al flujo tenue de vivencias,
símbolos que expresan y unen
a duros golpes en silencio.

Una corriente me lleva
el halcón,
con guitarra en mano
la emoción,
y sueño, y vivo, y siento
el calor.

Silencio...
golpeando...

Fuego abierto quema el dolor,
stechende Öde aviva,
la existencia hat verweilt.
La senda breitet sich ungemein,
el viento fühlen wir al reir...
y al llorar.

Drei ... zwei ... eins ...

Fuego negro vernichtet el dolor,
la existencia fühlt sich paradox,
entwürzeltes Gefühl.
La senda vor der Zeit als Untertan,
el viento fühlen wir al llorar...
y al morir.

Tres... dos... uno...

I'm thinking on the street
and looking at the sky,
I don't like to look for...
I only want to know;
if I can't find the feeling...
it will be far away
then the sky won't be blue any more.

Are they giving them
the cause they are needing?
I have been trying
to keep the solution.
If you find the feeling,
we all were losing
look out for it, it's our soul

and your shadow and your light
nothing gets your feeling
I won't get blue any more.

Un tiempo perdido
escuchando esa canción,
un tiempo ganado
disfrutando este momento,
esa simpatía
de una viva muchedumbre,
en mi mente esos acordes... esa voz.

Déjame cambiar
el ritmo de este texto,
con el tiempo que me queda
déjame soñar
esos acordes,
en el fondo de mi alma
están esperanzando para tener y soñar

con ese cielo, vivencia azul,
o se llorará
por aquello vivo que murió.

Unter meiner Haut
streckt sich das Leben,
über meinen Liedern
tanzen die Teufel
und die großen Geister
üben sich daran,
Launi to passé.

Durch das kleine Fenster
tummeln sich die Fragen,
habe Appetito
auf dem Teller ein Paar Leichen,
es regnet durch das Zimmer durch
nehme ein Sonnenbad
und schon wieder ... Launi to passé.

Laute Felsen lasten
auf meinen Schultern,
ich lasse mir was nehmen
und tauche wieder runter
und bockig blicke ich hoch,
das sollte man verstehen;
Launi to passé

Üben macht dem Meister,
Hörner an die Mauer,
immer gerade aus,
Sonnenbrand macht Auah!
Die letzten Flecken Unvernunft
tanzen drumherum.
und immer wieder ... Launi to passé.

...

...
Und der Himmel sagt mir manchmal
ich soll suchen mein Mantra,
denn ein Teller ohne Leichen
das ist kein tolles Zeichen;
graue Wolken ziehen vorüber
hier gackern ein Paar Hühner
meine Seele macht Kung-Fu
lasse meine Laune only for you!

Und der Himmel sagt mir manchmal
ich fand schon mein Mantra,
ohne Teller, ohne Leichen
nicht mal Butter für das Bleichen;
Dieses Schwanken ist ein Zeichen
ich brauche doch keine Beichte
meine Seele macht Uhuu!
lasse meine Laune only for you!

Stolze Launi to passé.

It's Sunday morning
I have to wake up
maybe it is the time,
I want to get up
while someone is saying... to me.
The sunshine is for you.

I'm standing in front of the window
I'm looking for the sun
yesterday I found it
and now... it's gone!
I'm dreaming of the yellow sun.

I'm waiting every moment
I'm sure, it is coming now!
Yesterday, today, tomorrow
yes, my heart do has been lost!

It's Sunday evening,
I want to give up
maybe there isn't no more time,
I want to keep cool
while someone is shouting... to me!
The sunshine does shine for you.

I'm standing in front of the window
I'm looking for the sun
this morning I lost it
but now... ooh Dear!
I'm feeling the yellow sun.

I've been waiting every moment
luckily, it's coming now!
Yesterday, today, tomorrow
I make you know, I'm sorry now!

Once you're wandering along this road
right in front of my thoughts
neither far nor close... but sure...

you want to go towards your goal
certainly you'll return home
what's right, what's wrong... it's in your mind.

Your fantasy is expanding
beyond all the borders
in your mind.

And you endeavour to carry on
step by step you're going towards your goal
are you feeling anything now?
you remain behind
maybe you look forward to not staying alone
not alone
not alone.

Maybe somehow you're felling it now!
not alone!

Tiempo libre para rasgar
las cicatrices de la vanidad
y tus dudas, escarchas de sombra y sudor.

Esos momentos para abrazar
la incertidumbre de querer amar
y no sabe, rosas con fondo de mar;
y las rosas, pálidas y sin sabor
mirando al recordar... tierno empezar.

Cuando la ceguera se pone a mirar
y la sordera se sorprenderá
de esos versos, que la mudez siente decir.

De que el infinito se hace implorar
a cuatro pasos de claudicar
y deseos, se visten de gala al salir;
con el tiempo, mientras se acerca el carmín
agua y fuego al fin...

Slowly on your way
you're being lost in thoughts at the River,
the great view causes you to sigh.

A feeling is arousing in you
to love, to sing, to cry at the River,
beyond the roots where you're from.

Once upon a time you did remember
How long the time can stand around.
Once you moved on to the mountains
timeless is the path in your heart...
... in your heart.

Slowly in your heart
faster in your soul... off the River,
like swift wind that doesn't know where to go.

Placidly you're going your way
"a friendly day", you say, near the River,
you're following the dreams, not staying behind.

Once upon a time you did remember
How long the time can stand around.
Once you moved on to the mountains
timeless is the path in your heart...
... in your heart.

A ese tal día que se mudó
en esas entrañas sin invitación
y sabes... que ya llegó.

Como esas luces en navidad
juegan al ego al proclamar
mientras tanto... el tiempo se va.

Resignación...
Resignación empapada en alcohol
e intuyes... y sabes que la vida se marchó;
vidas en vela y una luz.

La vida y el brillo al amanecer
la senda nos lleva al anochecer
y detrás... luz de neón.

Emociones, caridad,
valentía y recordar
a esa luz... hermana luz.

Resignación empapada en alcohol
e intuyes... y sabes que la vida se marchó;
pero la luz no la abandonó.

Hermana luz,
hermana luz.

Con cierto asombro y estupor
sintiendo boleros y alegría,
concerniente a mi actitud
al vaivén de un día sin fin.
Esos destellos de pereza
y pequeños flecos de discordia,
que mi ángel de la guarda
se dispone a darme otra vez.

Extraño limbo, extraño lugar,
extraño momento y el viento al azar
contando la historia en la que al fin
regresas a tu patio en sazón
viviendo la ocasión,
sintiendo a la vida como un aliado más;
volando como un dragón,
jugando con la ocasión
y la osadía de un incierto final.

Esas mañanas deslumbrantes
fruncido el ceño y to'pa'lante,
codo a codo con la inocencia
de jurar la puesta del sol.
Juzgado el ego, siento el ardor
con pies de plomo, viento de babor,
el paso a paso marca la huella
de un siete ligando con un dos.

Extraño limbo, extraño lugar,
extraño momento y el viento al azar
contando la historia en la que al fin
regresas a tu patio en sazón
viviendo la ocasión,
sintiendo a la vida como un aliado más;
volando como un dragón,
jugando con la ocasión
y la osadía de un incierto final.

Time is very effective
being patient and forgetting,
you feel free looking at the sky
for once a bird isn't able to fly.

It's soon time for running ahead,
it's now time to be ready to work,
it's time to do me the world of good
under the silent moon...
under the silent moon...
I've been thinking.

They're fussing with their timing
if left time goes into hiding,
you feel free looking at the sky
for once the time easily tells you good bye.

It's soon time for running ahead,
it's now time to be ready to work,
it's time to do me the world of good
under the silent moon...
under the silent moon...
I've been thinking.

In this time as I'm looking at the firmament
just enjoying the horizon to face the sky.
Underneath my feet I feel the strength
I do think of it as well as I can.
Million years flowed amid my reflections
so much time has been so far.
Let's take off, our dreams make no harm
What dreams are really the true ones?

And now let me walk up to your house
or let me take a place wherever you are.
And I let you dig a place in my heart
so both you and I have got it bad.

I'm just struggling for the matter
as the stars are hidden behind a bright day.
Any great thoughts all over the place
endlessly sparks for my own way.
You do know the feelings are on a journey
over and over they come back again.
Like a star: so close and so far-off land
both of them suite our hearts.

And now let me walk up to your house
or let me take a place wherever you are.
And I let you dig a place in my heart
so both you and I have got it bad.

Like a run we're doing and know
we're getting at our goal, though
we're playing the same sound
understanding the background.

And now let me walk up to your house
or let me take a place wherever you are.
And I let you dig a place in my heart
so both you and I have got it bad.

Jumping out
a little bit
making a sound
where nobody is,
dreaming off
the reality
flowing into the river
you see

It's the time that's barely passing by
It's time maybe I might try
to follow or to stay, do I look like dazed?
I've been gathering every drop
for swimming,
I'm going dreamily through all the parts
of my soul
looking for being out,
aren't I?, aren't I?

My turn of mind
in a dreamy world
holding my hand
the horizon is gone,
strength and weakness surround
the sound of life,
all the unconsciousness
distant and nearby

It's the time that's barely passing by
It's time maybe I might try
to follow or to stay, do I look like dazed?
I've been gathering every drop
for swimming,
I'm going dreamily through all the parts
of my soul
looking for being out,
aren't I?, aren't I?

Baixando a rúa e pensando en ti
nesas palabras coidando de min
tendo ao baleiro chegando ao seu fin,
soa a voz que sente e quere mais.

Desta volta repítese o mesmo,
a cantiga baixa non procura voar,
quizais o tempo axiña o repouso
mentres os pasos medran e seguen alá.

E alí entre os xuncos vexo o ceo
so quero procurar;
entre o medo e a valentía
so un paso mais,
so un paso mais.

Entre nos pasando o tempo,
a vida chea deixándose ver,
uns matos no meu pensamento,
o coñecido que se empeza a coñecer.

Pasos no tempo o futuro tan lonxe
seguindo o rastro cos ollos detrás,
as crenzas que bican e non queren ficar
mentres os pasos xa procuran non cear.

E alí entre os xuncos vexo o ceo
so quero procurar;
entre o medo e a valentía
so un paso mais,
so un paso mais.

Un día como otro cualquiera
me pongo a mirar,
sintiendo cierta desdicha,
me siento desplazado
al observar.

Las líneas dibujadas
creando un bastión,
con un par de bocadillos
rellenos de poesía
y previsión.

Y pienso...
Uhmm... lo intentó,
Uhmm... y lo creó.

Como otro día cualquiera
me pongo a mirar,
sintiendo cierta solera,
me siento involucrado
al observar.

Esas líneas dibujadas
creando un bastión,
con un par de bocadillos
rellenos de poesía
y razón.

Y pienso...
Uhmm... y se esforzó,
Uhmm... y se vio.

Uhmm... y se cansó,
Uhmm... y se marchó.

y lo llevó...
y lo escondió...
y lo propagó...
Uhmm...
Quizá no lo comprendió...
quizá lo olvidó...
Uhmm...

Recuerdo esa voz en el laurel,
recuerdo ese tacto en tu piel,
recuerdo esa sonrisa y a la vez,
esos ojos bonitos.

Recuerdo esa noche que te encontré,
recuerdo esa sensación al querer,
recuerdo esa mirada y otra vez,
esos ojos bonitos.

Alzando en la lejanía el ardor,
brillando en la cercanía sin pudor,
el secreto a voces en mi interior,
esos ojos bonitos.

Uhmmmm
Uhmmmm.

Placidly the sun is greeting you
believe me, my soul is loving you,
maybe there's no more a one-way,
expectantly, you will find the clue
where do I face?

Another part, another way
I grumble - close to my fate,
emotionally, I frown at me,
The sunset and the dawn remind you of
who we are.

... Follow it
... the destiny

Entre la discordia y la tienta del buen hacer,
la lengua que se escapa, se vuelve a enloquecer,
doy un paso a la deriva, me siento envejecer,
un camino, una pena, alegría sin querer.

Dispuesto a creer en ti, la cultura del convivir
como un párrafo, mil historias que vivir,
un zapato en el plato, ¿de dónde lo intuí?
nivel empedernido a falta de concluir.

Años que mi cuerpo arrastra, lo mucho que aprendió,
la conciencia, lo absurdo, la sonrisa amaneció,
lazos que reseñan, el camino al que sucumbió,
todo cambia, todo empieza, si a tiempo se llegó.

Impresiones que la vida hacen emborrachar
despejando claros, emborronar un barrizal
doy un tiento a mis espaldas más cerca está el final
la paciencia exhaustiva o radiante como va.

Entre historia y discordia mucho hay en común,
entre paso y otro paso sigo aquí aun,
saco y guardo los enseres... mensajes en mi baúl,
medio ausente medio en boga al tuntún según.

Años que mi cuerpo arrastra, lo mucho que aprendió,
la conciencia, lo absurdo, la sonrisa amaneció,
lazos que reseñan, el camino al que sucumbió,
todo cambia, todo empieza, si a tiempo se llegó.

Mirando de reojo, la suma de dos,
la expresión que nos hace sonreír.

Un espacio de tiempo para no olvidar.
una encrucijada donde poder volar...

... y soñar.

Esta es la historia de un tipo que se fue
cogiendo sus maletas para poder convencer
que el destino es algo que se puede ya cambiar
con un punto y coma para poder realizar... que...
... vamos muy bien.
De camino va sus huellas dejando atrás
decisión tomada, todo recto venga, va,
un reflujo en su memoria le hace despertar
vaya, su móvil que lo acaba de olvidar... uhmm...
... miér... coles.

No pasa nada... va de vuelta
coge lo que quiere coger,
de vuelta piensa en sus maletas
no puede ser... las acaban de robar... eins, zwei, drei, vier.

Saliendo de casa reiniciando lo que fue
un intento más, no se quiere convencer,
sin maletas y con móvil todo se verá
si el destino es capaz de solventar... aah...
... achiss!
Debe ser la alergia o el pronto caminar
suerte que en la esquina sus maletas va a encontrar,
siguiendo su camino sin dejar de obcecar
vaya, mala suerte, con su móvil sin cargar. Uhmm...
... miér... coles.

Que mala suerte... otra vez de vuelta
coge lo que quiere coger,
de vuelta medita en sus adentros
no puede ser... bajo de moral... eins, zwei, drei, vier.

Uhmm... uhmm.
Uhmm... uhmm.

Caminando entre soleras
gesto bravo que se quiere calmar,
razonando escuetamente
alguien me miró... pero que muy mal... 1, 2, 3, 4.
Móvil cargado, prosiguiendo el caminar.

Esas palabras recitadas sin mero mencionar,
el reflejo de aquello pendiente de divulgar.
El verso que se pasea al borde del atardecer,
extraño viento que procuro entender.

Desde la orilla se me acercó
el verso que me dijo adiós,
un vacío que se encontró
bailando con las sombras
del que dijo adiós.

El viento que lleva lo que se marchó,
inocencia sustancial
deduciendo lo que quedó,
un susurro inquiriendo
si todo queda igual.

Desde la mañana soñé
que el viento cambia de dirección;
y si el tiempo voló
memorias detrás del telón.

Un lejano eco que se mudó
prosa ambigua, ciñe su color,
sobran las formas en mi interior
equidistante el tiempo
con su versear.

Vuelve el cauce a su manantial
algo turbio y emocional,
la cuesta sigue, bajo el vendaval,
escucho su versos sueltos
y me pongo a cantar.

Desde la mañana soñé
que el viento cambia de dirección;
y si el tiempo voló
memorias detrás del telón.

Entiendo que las notas
se difieren bailando entre sí.
Entiendo que la redundancia
hace mella detrás de mí.
Entiendo la pereza
y sus manantiales que yo vi.
Entiendo los altibajos,
que sin darme cuenta bajé y subí.

Sintiendo que la cima,
sintiendo que el abismo,
sintiendo que la llanura
es la poesía...

Sintiendo que la cima,
sintiendo que el abismo,
sintiendo que la llanura
es la poesía... de sobrevivir.

Entiendo que los momentos
subrayan lo que yo canté.
Entiendo que los confines
abordan lo que yo soñé.
Entiendo la euforia
destellando la oscuridad.
Entiendo que el tiempo
entiende de ambigüedad.

Sintiendo que la cima,
sintiendo que el abismo,
sintiendo que la llanura
es la poesía...

Sintiendo que la cima,
sintiendo que el abismo,
sintiendo que la llanura
es la poesía de sobrevivir.

Ante la sensación
que percibo,
florece en mi el afán
de pretender.

Muero por declamar
esa palabra
que envuelve mis emociones,
uhumm, uhumm.

Orgulloso de saber
que tu sentimiento
es recíproco y profundo.
Razón de más para ensalzar
y degustar lo que nos une;

uhumm, que será,
que será, será, que será y será,
que será y será, uhumm, uhumm.

Se viste de gala el pincel
el semblante rostro del papel
trazas ambiguas al desliz
mientras descubren el matiz.

Las cerdas acarician al rasgar
formas y semblanzas al maquillar
los cándidos pigmentos de color
que le tiñen el rostro aún en flor.

Mis emociones miran la luz
y sienten...

El contorno deja entrever
el baile de pinceles al descubrir
con alegría o con dolor
ese mensaje que al cantar

descubre la luz...

Por fin la lluvia,
llorando sobre el suelo troceado,
por fin el calor,
espantando el frio cotidiano.

Dando fe de aquello
obviamente sin asimilar,
las preguntas que se quedan
sin ánimo de respuesta.

Mi retorno al pasado
cicatriza mis dudas,
la mirada al futuro
que revive sin tapujos.

Algo se pierde por el camino,
invisible ante la ignorancia
pero eficaz en su trayecto.

Algo se pierde por el camino,
invisible ante la ignorancia.
Pena de no avanzar...
adecuadamente.

Por fin la lluvia,
por fin el calor;
por fin la lluvia,
por fin el calor...

El delirio del silencio
mirando
a través de las hojas de un árbol.

La agonía del silencio
acercándose
al revuelo de un riachuelo.

El oculto silencio,
el incansable
e imperceptible murmullo en los oídos.

El inaudito silencio
teniendo
los pensamientos y emociones a flor de piel.

La magia del silencio
sigue siendo...
La magia del silencio
sigue siendo muy personal.

Por el camino voy
con mi compañera,
mi vedete de fatigas
con alguna jeta.

Aguanta y sigue orgullosa
mi apreciada bicicleta.
Por monte, valle o meseta
parte de mi vida es.

Go, go, go, sobre pedales yo voy
go, go y vengo, las llantas van a donde yo quiero
mejor con cubiertas...

Un buen sillin y un manillar
con sus ruedas y piñones,
la cadena y unos buenos frenos
con un timbre para la atención;
todo se junta en un buen cuadro
que brilla con
con su propia luz,
que brilla con
con su propia luz.

Go, go, go - go, go y vengo
Go, go, go - go, go y vengo
Go, voy, go - go, voy y vengo
Go, voy, go - go, voy y vengo

¿Dónde estás?
pequeña ilusión perdida
¿dónde estás?
Uhmm

Ven, vamos a encontrarnos
en cualquier lugar...
Ven, vamos a citarnos,
y charlar.

¡Hace tanto tiempo
que no sé nada de ti...!
¡Hace tanto tiempo
que no sé nada de mí...!

Había una vez un barquito chiquitito,
había una vez un barquito chiquitito
que no sabía, que no sabía, que no sabía...
navegar.

Pasaron un, dos, tres, cuatro, cinco, seis semanas,
pasaron un, dos, tres, cuatro, cinco, seis semanas
y aquel barquito, y aquel barquito, y aquel barquito...
navegó.

Y el barquito se fue, navegando muy, muy lejos,
y el barquito se fue, navegando muy, muy lejos
y en una isla, y en una isla, y en una isla
atracó.

Y dentro del barquito vivía doña lancha,
y dentro del barquito vivía doña lancha
y a la isla, y a la isla, y a la isla
se bajó.

Caminando por la playa en busca de un tesoro,
caminando por la playa en busca de un tesoro
y anocheciendo, y anocheciendo, y anocheciendo
lo encontró.

Y dentro del tesoro había otro barquito,
y dentro del tesoro había otro barquito
que no sabía, que no sabía, que no sabía...
Navegar.

EL BARQUITO CHIQUITITO

* Los textos de la primera y segunda estrofa son los originales
de esta conocida canción popular en el mundo hispanohablante.

...

EIN GEDANKE
ZWISCHEN ZWEI LIEDERN

"María, ich bin nicht reich geworden!"
Sagte er etwas schüchtern und spürte die Wörter in seinem Leib. Trocken seine Stimme, sein Blick auf sie gerichtet.
Ihre Augen glänzten noch, immer noch suchten die Tränen den Weg nach außen, dort wo ihr Gefühl zu leuchten begann. Etwas vernommen summte sie "Was?"

Zwei Menschen berührten sich, als hätten sie sich viele Jahre nicht gesehen. 18 Jahre ist eine lange Zeit, dort in diesem fremden Land. 18 Jahre ist eine lange Zeit des Wartens.
"María, ich bin … doch nicht reich geworden".

Sie lächelte aus vollem Herzen. Ihre Tränen berührten dann ihre Wangen auf dem Weg hinunter. Ihre Lippen verschmelzten sich mit ihnen. "Du bist … endlich da", sprachen ihre Emotionen. Sie küssten sich und blieben umarmt wie eine Insel im Meer.

18 Jahre in einem Land mit seltsamen Symbolen und fremder Kultur, doch die Notwendigkeit sprach von selbst. Wie viele Jahre hatte er gearbeitet, gesungen, geweint, gelacht … geträumt.

Der Traum des Überlebens und der Herausforderung, von diesem Geld für die Heimat, für seinen Traum, die Welt zu erobern.

18 Jahre in ihrem Land mit vertrauten Symbolen und armen Menschen, immer der Notwendigkeit hinterher.
Wie viele Jahre hatte sie gearbeitet, die Familie ernährt, die Gelder aus der Fremde dankend verwendet.
Wie können Gesichter fremder werden, die sich lieben? Wie Rosalía dichtete, sind keine Männer im Lande, die das Land bearbeiten, aber mutige Frauen, die unerkannt bleiben.

Und jetzt, als die Zeit die Ewigkeit zerriss, steht sich dieses vertraute, leicht verfremdete Paar gegenüber und versucht die gemeinsam verlorene Zeit zu füllen mit Geschichten, Geschichten aus der Ferne.

Das fremde Land, das den Klang der Gitarre noch in Erinnerung hat, diesen Geruch des Essens, diesen Wein, diese

Freude oder auch Trauer. Es geschah etwas, was langsam unauffällig wurzelte. Wie auch fest in seinen Gedanken "Ich bin nicht reich geworden".

Auch wenn in der Zweisamkeit der Wind noch die Geheimnisse weitergibt über den Emigranten, der großen Reichtum besitzt, aber davon kaum etwas gemerkt hat; ein Reichtum, der in der Ferne blieb.

UN PENSAMIENTO
ENTRE DOS CANCIONES

»María, ¡no he hecho fortuna, no he conseguido ser rico!«
Dijo él con su voz tímida sintiendo sus palabras en el alma.
Su voz seca, su mirada al frente, observando cada detalle.
Sus lágrimas resplandecían en sus ojos aún en busca de su propio camino, donde sus sentimientos empezaban a centellear.
Medio en duda ella le preguntó: »¿Qué?«, »¿Cómo?«

Dos personas se unían y abrazaban como si no se hubiesen visto desde hace muchos años. 18 años es un tiempo muy largo, allí en ese país foráneo. 18 años es mucho tiempo esperando.

»María, ¡no he… no he hecho fortuna!, ¡no soy rico!«

Ella sonrió de corazón. Las lágrimas acariciaban sus mejillas surcando su camino natural. Sus labios se tocaban y fundían en un fuego de emociones que decían »¡Has … llegado!, ¡por fin… estás aquí!«. Con sus besos dulces se abrazaron como una isla en mar abierto.

18 años en un país con esos símbolos y una cultura extraña pero la necesidad hablaba por sí misma. ¡Cuantos años había trabajado, cantado, llorado, reído… soñado!
El sueño de la supervivencia y del desafío, de ese dinero para su tierra natal, su hogar; de conquistar el mundo.

18 años en su tierra natal con esos símbolos conocidos y gente pobre, siempre tratando con la necesidad.
¡Cuantos años había trabajado ella, alimentado a su familia y agradeciendo ese dinero desde esa patria ajena!

¿Cómo se pueden extrañar esas caras que se quieren? Como Rosalía había escrito en esos versos, no hay hombres que trabajen el campo pero valientes mujeres que permanecen en el anonimato.

Y ahora, cuando el tiempo desgarra la eternidad, la pareja se encuentra entre la confianza y la extrañeza e intenta recuperar ese tiempo perdido entre ellos dos para llenarlo con historias y anécdotas… desde sus propias lejanías.

La tierra lejana y foránea que aún revive el sonido de la guitarra, ese aroma culinario, ese vino, esa alegría pero también tristeza. Algo estaba cambiando, algo que sin que se diesen cuenta estaba arraigando.

Aun cuando en esa soledad en común, el viento va llevando y transmitiendo esos misterios y secretos del emigrante, que posee una riqueza enorme, pero del que casi no se ha percatado; una riqueza que se ha quedado en la lejanía.

FIN+ENDE

INHALTSVERZEICHNIS • INDICE

INDICE • INHALTSVERZEICHNIS

Ein Gedanke
zwischen zwei Liedern

Ein lyrisches Buch aus Liedern
Un libro lírico de canciones

Un pensamiento
entre dos canciones

Jaime Vázquez Hermo

**Anécdotas
en versos sueltos**

Paperback, 12x19 cm
72 pages
ISBN: 978-3-7583-2689-9
also published as an ebook

Jaime Vázquez Hermo

Kunst-Blicke

Hardcover, 17x17 cm
62 pages
ISBN: 978-3-7534-4017-0
also published as an ebook

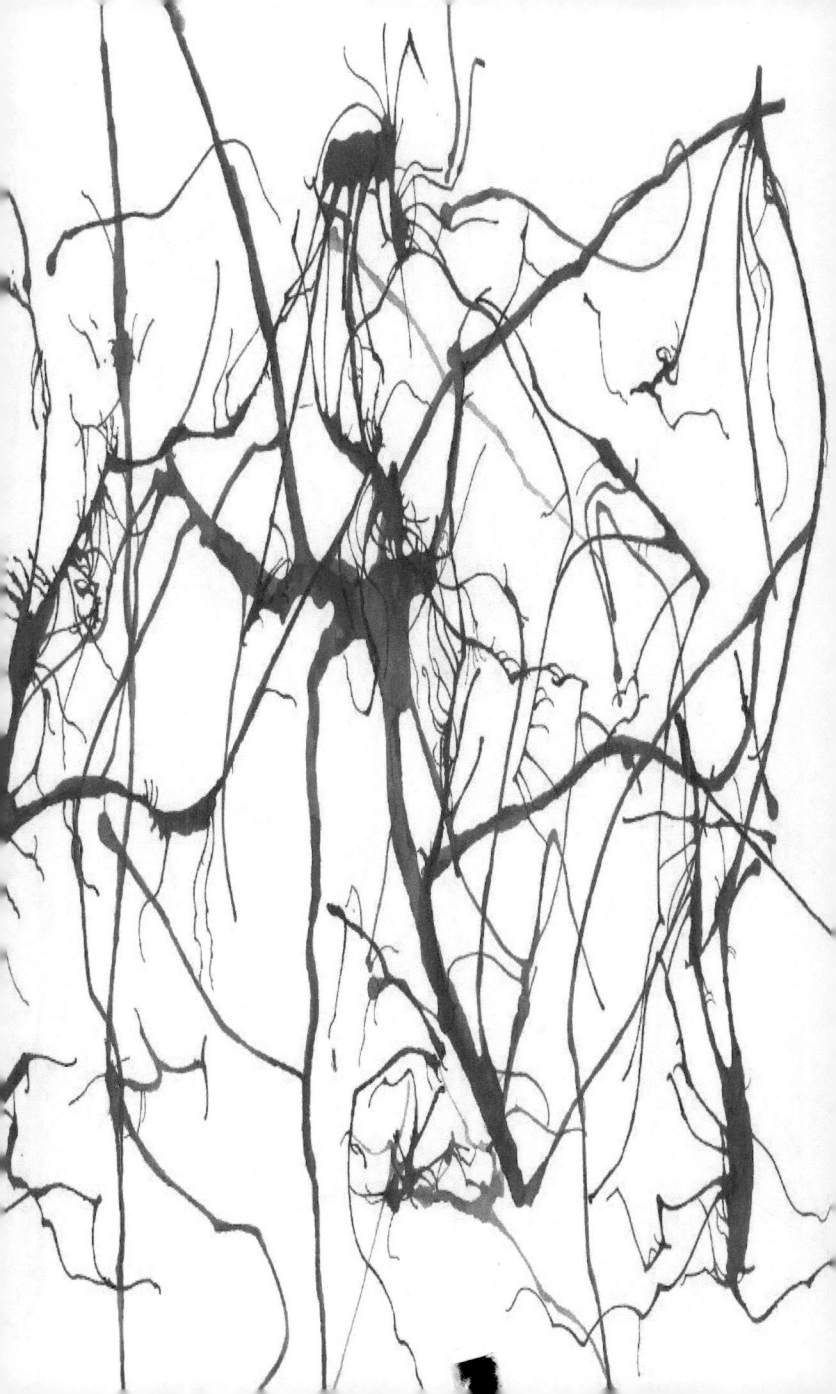